Ventana ciega

DISEÑO | Ferran Fernández
MAQUETACIÓN | Elena Aguilar
ILUSTRACIÓN DE LA PORTADA | Carol Gómez Pelegrín

ISBN | 978-84-125513-8-9
DEPÓSITO LEGAL | B 5047-2024
IMPRIME | Estugraf
Impreso en España | *Printed in Spain*

www.mixturaeditorial.com

José Ángel Cilleruelo
VENTANA CIEGA

mixtura

Ventanas de la Casa Ámbar

El lápiz de Emily ilumina la blancura cuando sombrea las palabras.

*

Lánguidas cortinas, solo el viento las hace bailar y en-loquecer. Pero las ventanas de la casa de Main Street permanecen cerradas.

*

No vierte el pigmento en el disolvente, ni lo revuelve, tampoco acumula el resultado en paleta alguna, ni selecciona para el trazo las cerdas de un pincel. No coloca un lienzo en ningún caballete. Emily abre el cuaderno, unta la pluma en el tintero y caligrafía «El murciélago es pardo».

*

Cuando llegue el nuevo inquilino a estas tierras tendrá que quitar las sábanas que cubren los muebles y volver a extender por todas partes los colores y los barnices con los que hemos soñado durante el invierno.

*

Emily y Miró contemplan, sentados en la orilla y a su espalda las bicicletas abandonadas sobre la hierba, el estanque quieto. «La quietud no existe, la luz todo lo contorsiona», dice el pintor. «Es el lenguaje», susurra Emily.

*

Acerca a la lumbre del fogón el candil que se ha quedado con la cazoleta del aceite vacía, y arde.

*

Veo al herrero sentado junto a la fragua. Se acerca una ascua al cigarrillo y lo prende. Ha dejado el martillo en pie junto al yunque. Me mira, pero no me ve.

*

«¿Te gusta cómo queda el poema inscrito en un triángulo?», pregunta Pessoa mientras levanta los remos del agua. Emily deja de contemplar el atardecer y le sonríe: «¿Quién te ha contado que escribo en los sobres de las cartas que me envías?». «Nadie: es lo que yo hago».

*

El día en el que el silencio recorra las calles de Amherst vestido de tamborilero.

*

Cuando se levanta porque una palabra se ha colado en la galería y aletea sin hallar una salida, la pluma continúa, aunque ya no sea la mano de Emily quien la sujete.

*

Existe una mariposa blanca que despierta al paso que la oscuridad tiende su capa de terciopelo sobre el paisaje. Y mientras se confunda con el papel, vuela.

*

Entre estas copas que rodean la casa de luz ámbar se oculta una pequeña orquesta que interpreta cada tarde de verano idéntico programa, y, sin embargo, cada tarde suena diferente. Sobre todo, en invierno.

*

«Hay algo, no te apenes —le advierte Joan Maragall mientras comba las guías de su bigote—, que no muere». La rosa que alguien ha cortado, abandonada sobre una piedra. «En efecto, la muerte», le susurra Emily.

*

En la plaza de Amherst bombillas encendidas, caba-
llitos que suben y bajan, barcas que van por el aire y
coches de bomberos con campana en la curva perpetua
del carrusel.

*

La nada, un grano de azúcar en la balanza donde se
pesan los ingredientes antes de amasarlos.

*

Cuando se detenga la abeja sobre los estambres, y antes
de que eche a volar con su cargamento de dulzores, te
habré visto no decírselo a nadie.

*

En el interior de una nube. Donde vives lo mismo que
has vivido.

*

En qué cajón de qué armario dentro de la Casa Ámbar,
sobre qué alacena, en qué arquilla. Dónde. Que sigue
estando, aunque no esté.

*

Quien despega la etiqueta del tarro donde quiere guardar la mermelada hecha en casa. El único lector.

*

Una historia que concluye en el mismo instante en el que el narrador se ha sentado a contarla.

*

«Mr. Hemingway, me gustaría saber una cosa —repone Emily mientras se abanica de pura timidez—, ¿no tuvo nunca la sensación de haber llegado a un lugar donde no debería haber ido?». «Jamás». «Ve, Ernest, en eso somos iguales».

*

Al salir de la Casa Ámbar, te giras y ves la ventana. Si en ese momento te asomaras, te verías a ti misma contemplando cómo te alejas.

*

Algo queda en el camino después del paseo. Sobre la arena, la huella de las sandalias; entre las hojas de la vid, un racimo menos; dentro del estanque, aquel pensamiento.

*

Delicado enigma. Huidizo y al mismo tiempo dispuesto al encuentro. Un claro en mitad del bosque.

*

El hatillo por el suelo, sentado en la arena, los jirones del abrigo por mantel, las sucias manos hacia la boca con el dulce. Una felicidad mayor en el rostro lo haría estallar.

*

Un sueño que aún no distingue la estación donde tendrá que apearse.

*

«¿Un poco más?», le ofrece con la tetera en la mano. «Emily, ¿cómo... abstenerse?», balbucea, inconcreto. «Ay, Mr. Donne, siempre buscándome las cosquillas».

*

Ah del ladrón que deja aquello que se lleva y que se lleva aquello que no ha encontrado en su hurto.

*

El pescador lanza la red, la recoge llena y luego devuelve lo pescado al agua. Para que cuando vuelva a extender la trampa regresen los mismos peces.

*

No hay ocasión en la que te hayas sentado en la silla, Emily, sin mostrar «una actitud de vuelo».

*

Cuando las niñas y los niños se habían ido, se quitó el sombrero rojo y la falsa nariz, se lavó la cara en un barreño y guardó los zapatos exageradamente grandes en un saco de arpillera. Le vi desaparecer, ya mortal, por Main Street, tras los árboles.

*

Ignora qué es un cabo, hacia dónde deben mirar al oír «estribor», para qué sirve un sextante, pero embarca con alborozo en cada una de sus frases de montañés.

*

Un rincón será suficiente, le dijo el rincón a la mirada que carecía de lugar.

*

«¿Soy la única que sé quién eres, William?». «Eso en realidad ya no le importa a nadie, ni siquiera a mí, lo relevante es que soy el único que sé quién serás, Emily».

*

En el porche se descalza las botas embarradas por los caminos invernales el silencio.

*

Arranca las hojas secas, una mata que estorba, mima los brotes. Riega. Deja el cántaro en el suelo para anotar algo en un papel. Curiosa, la tarde lo lee de refilón por encima de su hombro.

*

Sobre la esfera del reloj de pared, hechizado por el dorado de las agujas, un abejorro que se ha colado por la ventana.

*

Eres la niña que pasea entre los que siempre están ahí y descubre que por la puerta por donde ha entrado puede volver a salir.

*

Está dentro del cofre. La moneda de cinco centavos que encontró tirada en la calle un día. Solo un destello de níquel en medio de la inmundicia. La guarda desde entonces. A veces la mira.

*

Incluso anduvo perdido un rato por Main Street. Vi cómo buscaba en el aire el nombre de la calle, pájaro que al parecer había emprendido el vuelo. Y siguió tras él.

*

Sin atril, sin atildado director, sin orquesta. Se ha detenido en una rama. Solo se calla cuando me levanto para escucharlo más cerca.

*

«¿Va a venir mañana a verme, Mr. Bashō?», le pregunta Emily desde la puerta que acaba de abrir al visitante desconocido. Matsuo enrojece, luego su palidez se acentúa. «Le comprendo. Pase sin miedo. Nadie sabe qué significa mañana».

*

En el alféizar de la ventana, al oreo, unos zapatos. Acharolados, relucientes. Para quien camina descalzo, una razón para no seguir adelante.

*

Fuera hay demasiada luz como para que se pueda ver algo cuando se mira.

*

Sales por la mañana de la Casa Ámbar con la cesta de mimbre llena de arándanos, hongos, serbas maduras y grosellas. Regresas al caer la tarde con el brazo ligero, bamboleándose el canasto a tu paso.

*

La mañana de lluvia, oscuro funcionario, sella impresos, uno tras otro, sin que nada la inmute.

*

Sentado al atardecer el sol fuma. El chasquido de la mecedora pauta el tiempo. Una niebla oscura cubre el día, que se ha tumbado en el porche como un perro a las puertas de una casa vacía.

*

Un adagio en el violín de un principiante le proporciona a la luz de la tarde la pátina del bronce.

*

«Me encantaría revolver en tu celda, Francesco, un día en que estuvieras ausente». «¿Para qué, Emily?, encontrarías lo mismo que tú guardas en el cajón». «Pues te dejo que lo mires mientras voy a buscar el té».

*

Otra vez estoy aquí; no sería, si no, la «Merodeadora».

*

Cuchara que acaba de salir del azucarero con su hatillo de sentidos rumbo al café.

*

Sé que llega el verano por el paso jovial del apicultor. Sabré que se está yendo por las hebras de heno que sobrevuelen el jardín.

*

«Chicas —les dice la maestra—, solo lo que se ve existe». La aplauden, menos una muchacha menuda y lunática que mira por la ventana. «Emily —se enfada la maestra—, ¡baja de las nubes!».

*

El sonido de los pasos de quien camina sobre la hojarasca al otro lado de la calle te dicta cuando te sientas frente al reverso del envoltorio de una libra de chocolate, vestida de blanco.

*

Tras el sermón siempre hay quien se gira en el banco por preguntar algo a un acompañante que, sin siquiera mirarle, continúa vocalizando el estribillo del salmo.

*

«Si me dejas que te afeite, Ramón María, te cuento aventuras de la Guerra de Secesión en Amherst». «No es posible». «¿Por qué?». «Porque sin barba no me reconocerían ni mis hijos al entrar en casa».

*

¿Y quién se olvidó de nosotros, una mañana al salir con prisas, la chaqueta en el brazo y los cordones por atar?

*

«No las espantéis —les dijo Nicodemo a los jóvenes que se sacudían las moscas—, que nos traen sobre sus alas el verano».

*

«Te sacaba en volandas del cuarto, Emily, y no te dejaba hasta que cayeras redonda de tanto bailar». «Ay, Federico, no me hagas llorar. ¿Y qué hago yo para sacarte del agujero donde te han abandonado?».

*

En la oscuridad aprende sus virtudes la luz. En el cesto
vacío brota la primera espiga.

*

La inmundicia que las olas devuelven a la arena como
quien dice «esto es vuestro». La escritura.

*

Dobla la ropa y amontonada la introduce en el baúl
junto a los pocos libros que ha conservado, unas san-
dalias de cuero y algunos objetos que tuvieron en su
tiempo cierta utilidad. Aprieta las cinchas que lo cierran
y sale después a la calle con las manos en los bolsillos
del abrigo.

*

De madrugada, el chirrido de las ruedas del carro del
tiempo.

*

Dejas un recado oculto y de regreso lo descubres en el
mismo lugar, con idénticas dobleces que desdoblas con
cuidado para leer lo que te has dicho a ti misma, aún
más terca que la realidad.

*

Con la punta del bastón escribe la palabra «Contigo»
en la arena húmeda de un charco que el sol de la tarde
está secando.

.

*

El compositor que al transcribir la melodía descubre
que ha olvidado unas notas.

*

Cuando los sueños olvidan la salida del laberinto y se
tumban juntos a dormir.

*

Nada queda en el papel escrito hasta que no se lo su-
surras, de viva voz, a la noche.

*

La pareja de vencejos anidará bajo el alero del tejado,
aunque nadie se haya asomado a la ventana para con-
templar los preparativos.

*

El barreño hasta el borde de botellas vacías que dejan
en la puerta, junto a los cubos del tiempo perdido, los
amantes que al amanecer abandonan la casa.

*

«Mi forma de no salir del cuarto, Emily, es pasear por las veredas junto al río». «Sabía que éramos iguales, Rosalía, mi forma de caminar por las orillas del Sar es no abandonar mi cuarto».

*

Hay noches en las que te levantas y caminas descalza entre los muebles con un jarrón en las manos sin saber nunca si has logrado impedir que en un tropiezo se haga añicos.

*

Intimidad de la abeja y el estambre en el cuarto cerrado de un día de sol.

*

Una pequeña figura de alabastro en el modesto cenobio. Ni la luz tenue que cuela el ventanuco la alcanza. Tampoco da fe esta frase. En su rincón permanece a la espera. Mejor diré: A la Espera.

*

Te interpondrías ante la ola que amenaza el equilibrio de la barca si supieras qué manos sujetan los remos.

*

Un collar se puede romper y las perlas desaparecen bajo los muebles. Una pulsera se pierde con solo pensar en otra cosa. Una ajorca se vuelve invisible entre la ropa. Antes regálame el vuelo de una ave marina.

*

El tren pasa a lo lejos por los campos, una mancha de hollín en el mantel.

*

La noche transforma el vacío que vierte en un jardín de aromas.

*

Como tantos que presenciaron la actuación, me quedé con lágrimas en los ojos mientras el ilusionista, entre bastidores, encendía un pitillo y hurgaba en su nariz.

*

«No sé, Pablo, es cierto que la gente disfruta con tu pintura, también a mí me gusta, pero como retratista prefiero a Arthur Hughes. Me veo mejor reflejada en su Ophelia con túnica blanca. Como señorita de Avignon creo que me resfriaría».

*

Se sentaba en el centro de la mesa para ensalzar su egregia figura. Al poco, solo me interesaba de aquella reunión la mirada perdida de quien, en un extremo, no sabía qué decir de sí mismo que ocultara la angustia.

*

La escritura: ardua negociación ente sílabas y guiones.

*

Solo quien recorre cada jornada un mismo itinerario, a idéntica hora, con similar propósito y descuido, se extravía y sin saber cómo llega a su casa por un sendero desconocido.

*

Hace años que no se oye al violinista que recorría Amherst algo achispado las tardes de verano. Una simple rosa silvestre es más tenaz.

*

El punzón que araña el papel crea los significados que no están.

*

«El día era cálido» y se hubiera quedado dormida en el sillón de mimbre, bajo el porche, de no haberse enredado entre sus dedos un guion.

*

En la mesa del café donde solía sentarse por las mañanas hay otra persona. En el banco del paseo, bajo los tilos, donde lo encontraba a menudo, charla una pareja. En su casa pronto desaparecerá el letrero que cuelga de una ventana. Seguro que pintan la fachada.

*

«¿Que dónde guardaría algo para que nadie lo encontrara? Mr. Poe, hace unas preguntas cada vez más difíciles… ¿En el cajón de los poemas?».

*

Al partir el carro de la funeraria queda en la nieve un batiburrillo de pasos que trazan una línea extrañamente recta. A mediodía en cada huella hay un charco de agua turbia. «La mirada de la Muerte», tal vez.

*

Las espaldas de los estibadores se quedan con la luz del atardecer cuando se encaminan hacia la ciudad y solo permanece el latido de las olas al chocar contra el muelle.

*

Algunas noches solitarias teme que acudan tantas almas a su cuarto que acaben por despertar a la casa entera.

*

Habla en voz alta para el eco, pero solo se siente acompañado cuando cruza frente a la ventana desde donde hablo en voz queda con mi soledad.

*

«Oh Mr. Baquero...». «Por favor, Emily, llámeme Gastón». «Siempre que pienso en usted lo imagino en la sala de reservados de una gran biblioteca». «No se crea, también visito con frecuencia los mercadillos de libros viejos».

*

«No estoy seguro de que sean ciertos los elogios que me dedica». «¿Por qué me dice eso, Emily? Me parte el alma». «No será para tanto, Gastón, siempre me pareció que mis poemas le gustaban más a su gato que a usted».

*

Rechinar de pasos sobre las guijas y de súbito retumbar de madera que golpea el suelo.

*

Caí en la cuenta del simbolismo una tarde, al cerrar con convicción el cofre tras guardar la última carta que no iba a responder.

*

Oí sonar las leves notas del piano del amanecer y se estremeció el pensamiento que buscaba el modo de vestirse para aparecer sobre la cuartilla.

*

Esta es la mañana en la que el agua, que hoy sabe bañar la orilla con dulzura de lago, abrocha un aro de plata alrededor de mi tobillo.

*

«Te conocí hace tiempo», me gustaría decirle a la fotografía que me hicieron al acabar los estudios y cuelga en la pared. Pero no le digo nada, no sea que me responda: «Lo siento, no me suenas».

*

Pájaro con el ala herida que salta de una rama a otra, inquieto y solitario, la víspera de la primera nevada.

Un sendero de pálidas estrellas

Lo que no deja la mañana sobre el mantel, Rosalía, ahí está, se ve con solo mirarlo.

*

La hojarasca cruje al ser pisada por los ojos que la contemplan desde la ventana.

*

Se muestra irritado hoy el camino. Insidiosos guijarros, maleza, nubarrones. Le hablo con delicadeza, responde con ingratitud.

*

Asciende por la flor la vida que trae el aire. El mismo que alimenta los pensamientos, aunque nunca acaben en un simple goce del color.

*

Traquetea el carro entre las piedras. El mulo gime. El mulero impreca. A un lado del sendero aguardo a que pase para que el temblor de la fronda reanude su sinfonía para solitarios.

*

La maleta arrumbada en el vestíbulo. Sin doblar, la gabardina. El sombrero. Los zapatos junto a la cama. En una silla, las ropas del viajero. Enfrente, una ventana sin memoria.

*

Arroyo de montaña cuya impaciencia le ha impedido hasta hoy aprender a dibujar un cauce con un mínimo de exactitud. Lo suyo es solo acabar cuanto antes para irse.

*

Cuando levante el vuelo el mirlo, habrá desaparecido una sombra en el bosque.

*

Azorado, el sacristán recoge en un cesto, uno a uno, los pedazos de barro que han volado por el pavimento contra el que acaba de estallar la venerada imagen.

*

El estrépito con el que llega, el silencio que deja cuando ha partido. El mozo de equipajes lía un cigarro en un extremo y en el otro, frente al pozo, la guardesa se limpia las manos en el delantal.

*

Baja el verano por la senda que atraviesa la ladera. Canta tonadillas populares, va alegre y disperso. Deja su mano un instante sobre las matas de lavanda y luego aspira el aroma. Camina sin prisa, como si tuviera toda la vida por delante. Da gusto verlo desaparecer.

*

Cariñosa, el agua se arremolina alrededor del pilar del puente. Con picardía le salpica y se ríe cuando parte hacia el mar sin darse la vuelta para ver el estremecimiento que deja.

*

No supe ver lo hermoso que desde allí se alzaba el paisaje, tantas veces como pasé por aquella vereda al otro lado del Sar, hasta que no la recorrí una tarde, enamorada.

*

Un jaleo de pensamientos ronda por la plaza, frente a la taberna. Volumen de metafísica desencuadernado cuyas páginas cada amanecer retira el barrendero.

*

Bajo la umbría, por esconderme del sol, me detengo un instante. Y el cielo se nubla.

*

Luciérnagas, los pensamientos. Pero de golpe se convierten en ladridos de la jauría.

*

Nada hay tan tosco como el deseo.

*

Lo que suba la marea y transforme en humedal, cuando se vaya se lo devolverá al sol para que lo seque.

*

Se ha quedado una duda sin enterrar, sobre la hierba, olvidada. Las cucarachas empiezan a salir de los agujeros.

*

Una veleta que atiende a un único viento, el ave sobre el tejado del cobertizo.

*

En cuanto empieza a hablar el fuego desde la hoguera que han encendido los leñadores en un claro, ninguna conversación prevalece.

*

Luz en el encinar, una mujer con velo negro que sale cada tarde del cementerio.

*

No abandona nunca el Sar su infancia. Le basta una roca para saltar, una rama caída le invita a jugar a romanos. Un guijarro lanzado al azar le hace sonreír.

*

Aunque dejaran de ver los ojos, el escozor que produce lo visto seguiría punzante.

*

Siempre anda pensativo el roble. El hijo de dorados rizos sobre la frente que un día se echó a la espalda el petate y dejó, en el lugar donde dormía, una sombra.

*

Cómo le cuesta a la fuente reclinarse en la orilla, acercar un cuenco al agua que de ella mana y saciar su sed.

*

Ha estado un tiempo impreciso señoreando. Mueve su enorme volumen blanco tan despacio que parece quietud o costumbre, pero en cuanto me aficiono a verla se despeja el cielo.

*

Solo se mantiene el fuego si consume los troncos que lo sostienen y alimentan. ¿Será por eso que lo creen apasionado?

*

Expresiones secas de las ramas en la niebla invernal. La quieta blancura del hielo escribe una elegía.

*

Permite que ese grumo de insatisfacción flote sobre la alegría del momento. Cuando se haya evaporado el resto, será lo que permanezca contigo.

*

Apilan los troncos talados en el patio del aserradero. Bosque horizontal, realidad tumbada, camposanto.

*

Nombre de varón, cincelado en una piedra, que no se sabe de quién fue.

*

Han recorrido la calle gritando sus proclamas de victoria. Y cuando han doblado la esquina, asoma cauteloso un gorrión entre las hojas de la enredadera.

*

Allí donde todos quieren ir van las vías del ferrocarril, los caminos de polvo, las rutas marítimas. Como el Sar, su corriente solo lleva una dirección.

*

Somos tres en el recuerdo. El muchacho, yo y el nombre que un almirante le da a la plaza donde nos besamos por primera vez.

*

Ya solo se acerca a la fuente, aunque sepa que hace años que no mana, quien aquí un día bebió.

*

A veces se han quedado cerradas las puertas que se dejan abiertas.

*

Dar un rodeo para no pasar por delante de la taberna se comprende; mirarla con ojos ofendidos no es necesario.

*

Por la senda que zigzaguea en la colina, de vez en cuando, al pie de un roble, me siento a verme pasar, mujer solitaria que cuando alcance la cima va a volver por donde ha subido.

*

Y antes de entrar en la aldea busco en la lejanía del camino recorrido la sombra que pueda convertirse en un regreso.

*

Al brote recién verdecido dan ganas de acunarlo meciendo la rama.

*

Al darme la media vuelta para irme con el impulso del enfado, la doy completa y de nuevo estoy dentro.

*

Dejo la mirada en el lugar de donde quería apartarla y la aparto de donde quería dejarla.

*

Esta mañana ha estado revoloteando entre las flores y al poco, por más que la buscara, no he conseguido volver a ver la mariposa.

*

Una moneda de plata abandona la luna sobre las losas del pórtico para que alguien intente despegarla de la piedra.

*

¿Es la noche quien está enamorada del día, o es el día quien persigue infructuosamente el lecho nocturno?

*

Cada mañana el invierno coloca mi ventana en su caballete, se sienta delante, y practica el *sfumato* sobre la desnudez de los árboles.

*

Cuando vea sobre la pared cómo mi sombra mueve el brazo que mantengo quieto, descansaré.

*

Deslizó el amor una carta por debajo de la puerta y qué engatusadores ojos hubieran salido del sobre de haberla abierto.

*

Le ha puesto una cortina a la ventana de sus palabras y por más veces que pase por delante solo escucho el mismo silencio.

*

Sé que un día ha de bajarse en esta estación, aguardar carruaje junto a la farola e, inconcreto, descubrir una pregunta entre sus certezas. Tal vez, la tarde en la que yo no haya decidido aún regresar.

*

Fue la tropelía de unos jóvenes que una vez dentro no comprendieron la razón de los suelos desgastados, de las rozaduras en la madera, del mantel deshilado. La pesada atmósfera en las estancias del asilo.

*

Y después de haber tropezado, con los pantalones lle-
nos de barro y un jirón en la camisa, se yergue y trata
de recomponerse ajustándose el cinturón.

*

Sobre la mesa deja el vaso vacío y, mientras busca la da-
majuana, con la vista se descubre a sí mismo en el espejo
del fondo. Pero no le da al hecho ninguna importancia.

*

Llegan por el oeste, desde el océano, nubes en racimo,
cejijuntas. Todo lo tiznan con su aflicción.

*

Descuida un pensamiento cuando se ha sentado so-
bre el murete de piedra a descansar. Al día siguiente
lo echa en falta y, al ir a buscarlo, encuentra que ha
prendido en el lugar una mata de florecillas rojas.

*

Hay que encender el candil en pleno día al tiempo que
se recoge la ropa tendida y se guardan las herramientas.
De nada sirven las razones para apaciguarla ante el
enfado de la tormenta.

*

Sobre el cauce del Ulla en ocasiones abandono una hoja
otoñal y me consuela verla partir si al poco, simbólica,
desaparece.

*

Hay quien sueña con los brazos que le aquieten contra
el pecho en los brazos que le calman.

*

La canción de las voces invade las calles, seductora. E
insaciable.

*

Mármol de Carrara, pan de oro, togas de terciopelo,
pelucas de seda. ¿Cómo cumplirá su jornada así vestida
la verdad?

*

Cada vez que en el paseo llego a una encrucijada me
detengo a dudar si he de seguir por uno u otro camino.
Sé cuál es el mío, pero si esa certeza me obligara a
apartarme de mi ruta, ¿qué haría?

*

El coleccionista se ensimisma ante la vitrina que contiene cristalizados sus instantes de gozo, ajeno al grillo que tararea al otro lado de la ventana.

*

Dicen que pasa, pero no es cierto. Todas las edades permanecen en uno, vivas. Candentes, añade el anciano.

*

Las orquídeas más hermosas prenden en parajes solitarios. Poco durarían en el camino por donde van los carreteros.

*

Con las campanas, el valle de Bastabales en pleno clama a muerto. Como una escolar que hace los deberes, me he sentado en la mesa de piedra a resolver un problema de un curso superior.

*

Sobre una piedra, la caja de acuarelas. Un vaso de agua turbia en el suelo. En una mano el pincel, en la otra el cuaderno. En cada hoja, azules y verdes y el color del papel para los pétalos de una margarita.

*

Con su orquesta de crujidos sube un carro lleno de desechos y me da por pensar en los amores que lleva a enterrar.

*

La flor de la acacia alfombra la senda. Hay que pasar de puntillas.

*

Un campanario que anuncie cada hora con doce campanadas.

*

Nadie más camina por el campo invernal. Pero el acemilero, al cruzarnos, ha de pasar a la fuerza por mi vereda. Si no me aparto, por encima de mí.

*

Las voces de la fiesta saltan por la ventana, trastabillan en la hierba y van a tumbarse, beodas, entre los setos.

*

Vagan los ojos tras el rumbo caprichoso de la mosca que zumba alrededor cuando me siento a descansar. ¿Por qué se parecerá tanto al pensamiento?

*

Menuda, pero dicharachera, la flor del mirto. Cuando brota, imparte una breve lección de filosofía idealista.

*

Aquello que se pierde en el instante de ser encontrado. Pero inmediatamente se vuelve a buscar.

*

En el pedestal de la estatua del prócer, junto a sus pies de la misma piedra que la sandalia que calzan, hay un breve espacio que se puede aprovechar para sentarse si se soporta una pregunta, ¿le huelen?

*

De un día que la tuve, he guardado en este cofre un pedacito de felicidad. Para cuando la necesite. Aunque no me atrevo a abrirlo, no sea que se escape volando.

*

No es bosque, aunque haya umbría. Ofrece calzadas, no sendas. Sonidos, también, entre los que no canta ni un pájaro.

*

Me busco por las calles sin encontrarme. Como si cualquiera que al pasar a mi lado en un descuido se hubiera llevado mi interior dentro del bolsillo de la gabardina.

*

Humea la chimenea de la fábrica. Las nubes la contemplan perplejas. Nadie les ha contado que pudieran nacer del centro de la tierra.

*

Chirría la puerta de la basílica que, tras el retumbo de cerrarse, borra todos los olores.

*

En el mismo baúl, cuando lo abro para buscar algo, encuentro doblada la ropa que un día usé entre los vestidos que solo he disfrutado en sueños. Y no es que los confunda, es que no los distingo.

*

Me ha apenado ver congelada la fuente, las plantas secas, los pájaros ausentes. Les he dicho que la vida volverá pronto, pero me han mirado incrédulos, como si fuera una predicadora lunática.

*

Si hay cielo o no en el cielo solo lo sabe el río, que concienzudamente lo estudia. Un saber que siempre se está yendo.

*

En el colmado de tiempo lo venden por lonchas. De ahí la desilusión al salir con un paquete insignificante en la mano. Asar de la sardina solo la cola.

*

Tantos conocidos, tantos comensales en las fiestas de verano nunca me han despertado el mínimo interés. En la playa otoñal sigo sobre la arena los vestigios del único paseante.

*

Es el destino quien ha dejado que la ola venga hasta mis pies, los cubra y los abandone en el mismo gesto. El destino, una suerte de cobrador de recibos impagados por otros.

*

Cuando vi que no estaba, lo seguí buscando por todas partes. En los rincones, dentro de los cuartos cerrados, tras la tapia del huerto. Una manera de encontrarlo cuando hallarlo no es ya posible.

*

Las cuerdas desorientadas sobre el mástil partido de la guitarra en el vertedero. Dan ganas de tensarlas con la mano para escuchar una postrera nota.

*

Aquel que se sentó delante del auditorio, el único que encaraba la puerta de salida, al hablar lo hizo como si ignorase que luego tendríamos que abandonar la sala.

*

Una noche salí al patio con el alma en carne viva. El croar de las ranas, al alzar la vista, parecía llegar de las estrellas. Aquella sonrisa empezó a curarme.

*

Por las ventanas del conservatorio al pasar oigo un inusual jaleo de voces. En la puerta veo fumar despreocupado al director del coro.

*

Las voces últimas se han apagado. Sobre el mantel, cubiertos sucios, platos en montón, mar de migas, copas derramadas, viandas a medio morder. No se ha ido a otra parte la vida, sigue estando aquí. Conmigo.

*

Mientras el vagabundo se venda los pies con unas telas que ha encontrado piensa en los botines que resonarán sobre las losas del palacio.

*

El visionario había cerrado los ojos para ver más adentro de lo real. En el hospital lo trataron de ceguera.

*

En estas piedras, de idéntico color que la noche, puedo haber tropezado, pero por donde camino continúan alumbrándome las estrellas.

*

Niñas que oigo cantar mientras juegan en el jardín. No envejecen con nosotras las canciones que jamás olvidamos. Solo nos abandonan.

*

No me desagrada ver que la maleza se ha apoderado del huerto durante los días de ausencia. Me saluda, agradecida, antes de que la azada la invite a partir.

*

Anciana costurera que va hilando almas en su tejido de hielo. De joven creí, ingenua, que se llamaba Invierno.

*

Cuando leí en público los versos que había escrito con mayor intensidad, en la sala solo quedaban dos personas, el ordenanza y yo.

El círculo quebrado

Edith traza un círculo con tiza dando una vuelta alrededor de sí misma, en cuclillas. Tras erguirse da un salto como si la línea fuera un obstáculo y se va corriendo calle arriba.

*

En ocasiones fuera es también dentro. Si tumbados por ver nubes en la hierba acaricia tu mano mi brazo, en la arboleda se abre el rectángulo de una ventana.

*

No es cierto que el mar se vista siempre del mismo color. Con frecuencia luce un jersey de cuello alto a franjas, unas más claras, otras más oscuras. Con delicadeza combinadas.

*

A veces se pondría una detrás del tiempo a empujarlo para que se diera prisa en irse. En irse y no volver. En no volver y añorarlo.

*

¿De quién será la mano que temblorosa y pálida acaricia el lomo del mar mientras resuella sobre la arena oscura?

*

Me he sentado en la terraza de una tumultuosa cafetería a leer lo que me has escrito. Y en ese momento se ha callado todo el mundo como por arte de magia.

*

Cambio la ropa del armario. Guardo los vestidos de verano y en su lugar coloco las rebecas de lana. Le escribo al otoño.

*

De niña me fijé en la mujer de un marinero cuando echó la pesca en un cesto que iba chorreando mientras caminaba. Aún sigo pensando, cuando llueve, que las nubes están trenzadas con mimbre.

*

Cada día paso junto a un jardín por contemplar las flores que nunca cruzan la verja; yo, que nunca he entrado.

*

Acaricio la corteza, rescato alguna hoja antes de que se seque y también les hablo en voz baja. Sobre todo, escucho lo que los árboles me cuentan.

*

A veces pienso que los insectos existen para matar el aburrimiento. Al verlos volar o cuando van de un lugar a otro intento desentrañar su lógica. Y se me hace tarde.

*

Junto a la piedra desanudo el pañuelo del atardecer y lo extiendo para sentarme y contemplar cómo se acerca.

*

Cuando se seca la sal sobre la madera se forman costras en la quilla que ha quedado al descubierto, varada sobre la mesa.

*

La niebla escala las montañas al revés, descendiéndolas.

*

Medias, faldas, calcetines empapados y el pie que chapotea dentro del zapato nada más entrar en la sala donde me espera. Agua hasta las rodillas.

*

Caigo en la cuenta de que no pueden ser todos tan ciegos, acaso la rara sea yo por quedarme entre sus empujones impávida ante el amenazador cielo de la tarde.

*

Un día, cuando todo —la arena, las olas, la barca y el pescador— esté a punto de desaparecer, habré sido la última en verlo.

*

Nadie se acerca en días de invierno al lago, que parece la obra de un pintor impresionista con el cabello alborotado. Una sala en la galería que el servicio de limpieza puede saltarse.

*

En la naturaleza de los sillares del puente está la quietud y en la del río la fugacidad. ¿Cómo comprender las piedras que huyen y estancada el agua que brota?

*

En la vitrina admiro un pájaro en vuelo, una ardilla al saltar y una musaraña que reza mientras el taxidermista enciende la pipa con cierta torpeza.

*

Cuando veía a mi abuelo cubrir con arpilleras el pajar vigilaba desde la ventana que nadie en el cielo volcara el candil si tropezaba con una estrella.

*

En los cielos despejados a veces se queda rezagada una nube. Se la ve desorientada, sin saber qué ruta tomar. Dan ganas de darle conversación.

*

«El amor me ha acompañado», esas fueron las últimas palabras que dijo la mujer que vivía sola a las afueras, viuda desde la guerra.

*

El camino de regreso debería ser también un camino de ida.

*

Cuando una mariposa revolotea entre las matas, sobre el paisaje poco antes tan ensalzado cae el telón.

*

Ella, de arcilla fluvial; él, de agreste roca. Como si en una partida reina de negras y rey de blancas empezaran alineados en el mismo costado.

*

La noche es una voz de mujer que canta cuando el tartamudeo del telégrafo en la oficina de correos ha cesado.

*

En otoño hace los castillos de arena el viento. Solo para seguir derribándolos.

*

Las ventanas del edificio hace tiempo abandonado parece que aún miren, pero sean incapaces de ver.

*

No recuerdo lo que pensé entonces, pero sí dónde.

*

También en el exótico lugar que visito por primera vez encuentro mis querencias cotidianas: piedras, flores, nubes.

*

Rejas en las ventanas y cortinas de terciopelo. Alambre de espino sobre la tapia del jardín. Doble candado en las puertas. Espera la Felicidad; que llega, pero no logra pasar.

*

Pasos tras mis pasos en la calleja solitaria. Si me detengo, se detienen. Si continúo, me siguen. ¿Nunca dejaré de perseguirme a mí misma?

*

Una princesa ojerosa y un caballero recién afeitado. Cómo sigue emocionando esta vieja, estúpida, historia de dragones.

*

Una playa solitaria bajo la luna. Veo cómo corre a avisar a familiares, amigos, conocidos, vecinos, colegas, seguidores, gente de la calle para que vengan a verla y admirarla. Solo así sentirá la verdadera soledad. Bajo la luna.

*

En el andén, de madrugada, cuando ya no pasa ninguna línea ferroviaria, bajo la marquesina se sienta, de vez en cuando, con la mirada perdida, un ángel con rostro de mujer.

*

Hay un momento en el que me doy cuenta de que he tomado el callejón equivocado y me resultan siniestras las sombras que veo delante. Y no soy capaz de darme la vuelta.

*

La felicidad... ¿no es lo que queda al otro lado de lo que se ve cuando cae al suelo la moneda que se había lanzado al aire?

*

La belleza... ¿no es la flor que se había dejado en el jarrón de vidrio con agua clara hace unos días?

*

Las dos hermanas juntas, calle arriba; con la cesta en el brazo, una; la otra con el pañuelo de encaje apretado en un puño. Si un día se separan no quedará ninguna.

*

No llegué a creer lo que el firmante desconocido me
decía en la carta que, tras abrirla apresuradamente,
resultó haberme llegado con las señas erradas.

*

Al principio ni me di cuenta de que existía. Cuando
descubrí sus ojos mirándome supe que había empe-
zado a existir... yo.

*

La vida parece un vagón de ferrocarril detenido en mi-
tad de un túnel.

*

El pianista del Hades ordena las partituras que habrá
olvidado en casa cuando salga a tocar.

*

En días de cielo gris de repente vuelvo a mirar hacia
lo alto y brilla un azul diáfano. Entonces bajo la vista
con la esperanza de encontrar por el suelo caído algún
cachito de nube.

*

Te sientas sobre un tronco caído, dejas el hatillo entre la hierba, te descalzas, con un pañuelo te limpias el sudor. El no detenerte nunca también a ti te cansa, Tiempo.

*

Un tapete de apuestas en el que todas las celdas tienen el mismo número y el mismo color, idéntico al que se lee en todas las casillas de la ruleta. Y, aun así, saber que se juega para perder.

*

¿Por qué usas coturnos si la sombra es capaz de doblarte la altura? Basta caminar en la dirección adecuada.

*

Cuando al alzar la vista solo se contempla un techo con humedades, las estrellas que palpitan en el cielo son simples moscas que vuelan.

*

Se han besado. Luego ella mira al cielo, él al final de la calle.

*

La mentira solo es una verdad para quien la cuenta.

*

Lo que nace para desaparecer perdura en las canciones.

*

La única posesión del aforista es la brevedad; escribir un libro será empobrecerse de riqueza.

*

Del pozo el cubo sale casi tan vacío como había bajado. El poso de agua turbia en el fondo, un aforismo.

*

Acodado en la mesa de mármol, la mano alrededor del vaso y los ojos perdidos en los espejos del café, pronuncia el destino sus sabias disposiciones, pero ninguno de los presentes logra entender su balbuceo.

*

Estás en las nubes, me decían de pequeña. Y no sé por qué nunca me pareció una mala descripción.

*

La nieve bajo las plantas de los pies descalzos no hiela. Quema.

*

Los días despejados me pregunto quién no ha dejado salir a pasear por las cimas a las nubes.

*

Las noches de invierno quisiera pasearme por las galerías del museo repartiendo mantas de lana entre las estatuas que están con el torso y los brazos al aire.

*

Unas notas de guitarra rasgadas con impericia que huyen por una ventana abierta me detienen en mitad de la calzada. La música empieza a darle sentido a un presente que no lo tenía.

*

Las palabras están bien, pero de vez en cuando hay que levantarlas, ponerlas a caminar, ver cómo se secan el sudor con un pañuelo o cómo miran a un lado y a otro en una encrucijada.

*

Cuando se inventó la luz eléctrica se deshizo la metáfora que vinculaba la noche con la muerte. Un daño colateral.

*

Las más hermosas palabras, las más reverenciadas, son también las que mejor mienten. Por ejemplo, «manuscrito». Por ejemplo, «edición».

*

Cada día me levanto un poco antes para tener tiempo de caminar más despacio entre una tarea y otra.

*

Cuando no acude al trabajo quien baldea con luz la realidad cada mañana se dice que hay un eclipse. La misma palabra que uso para tus ausencias.

*

En el camino de Röcken me descalcé porque un guijarro se había colado en mi zapato izquierdo. Lo sacudí bocabajo y cuando me lo puse de nuevo, la molestia seguía. Continué andando coja.

*

Como no se acercaba nadie, y tras el oficio los asistentes habían tomado cada uno su camino, tuvo que salir el fallecido, resignado, cargar con el ataúd y arrastrarlo hasta el nicho.

*

Cuando de niña me enseñaron el primer dibujo anató-
mico del cuerpo humano me pareció ver un pájaro rojo
que había quedado atrapado en su nido.

*

Unos leen cifras en los libros de cuentas; otros, letras
en los libros de cuentos. Qué parecidas son las pala-
bras que no se hablan.

*

La expulsión de Lucifer... ¿fue el primer expediente de
regulación de empleo de la historia?

*

Lo que la noche entrega con el envoltorio de la oscu-
ridad: el sonido de las cosas mínimas, la luz de lo más
distante y la quietud para abrir el regalo.

*

Cuando parten, cada tren afirma dirigirse a una ciudad
diferente. Pero cuando regresan, todos coinciden en el
mismo nombre.

*

Estoy pensando, dijo el piano. Y los violines emprendieron el vuelo hacia otra orquesta.

*

Hacer sonreír a una estatua. Llamaremos Orfeo a quien lo consiga.

*

Hay escritores que le echan una pizca de levadura a sus poemas. Otros, abusan del azúcar. Algunos los vuelven a meter en el horno después de horneados.

*

No recuerdo ningún *Encomio de la Cobardía,* y, sin embargo, cuántas vidas salva.

*

Al pasar por la acera del Centro Filosófico aprovecho una ventana mal cerrada para echar un vistazo dentro. Y lo veo todo oscuro.

*

Escribe palabras en el vaho que cubre los cristales. Las deja a su suerte sin importarle que si alguien lee «beso» sienta unos labios que ya no son los suyos.

*

Una adaptación actual del mito platónico de la caverna debería incluir el concepto de «cortinas».

*

De la casa del Poeta también debería salir humo claro u oscuro conforme cierre con éxito o no el soneto.

*

Al cursillo que imparten las olas sobre el lenguaje del mar acude de vez en cuando algún fumador, que al acabar el pitillo lo lanza con el índice a lo lejos y se va.

*

Un niño llama a la puerta entre saltos y chillidos, el viejo deja en la pila el chuchillo con el que limpiaba el pescado y se lava las manos para ir a abrir.

*

Entre la multitud de un viernes por la tarde en el que habíamos caminado por las calles céntricas de la mano, sentí que de repente mirabas nervioso a todas partes y me buscabas sin encontrarme.

*

Clamaría el aforismo que se me acaba de ocurrir megá-fono en mano en mitad de la Plaza Mayor. Pero como me da pereza levantarme a copiarlo, al despertar no consigo recordarlo.

*

No tiene biografía, solo canciones. Para cada aconteci-miento, un estribillo.

*

Del día que estuve caminando sola por el bosque, y en el arroyo me descalcé para sentir el helor del agua en los tobillos, conservo más instantes que de todos los paseos que he dado acompañada.

*

Los caballos cultivan su educación musical y descubren el piano que se oculta bajo el empedrado.

*

Lo que le dijo Michelangelo Buonarroti al oído a Da-vid mientras lo esculpía hasta se puede imaginar, más difícil es saber lo que le respondió el mármol mientras se convertía en David.

*

Cuando lo encuentra, ni siquiera sabe que lo está buscando después de tanto tiempo con la costumbre de no hallarlo.

*

Al final de la calle había una vieja casa con murciélagos esculpidos en el dintel de las ventanas. Por la mañana se oían los golpes, por la tarde el vacío olía a polvo.

*

Hemos despreciado siempre a aquel que, entre los posibles candidatos, decide retirarse. Y así nos va.

*

¿Sabe la estrella detectar el telescopio que la está observando? ¿Se molesta si descubre que, de repente, apunta hacia otra estrella?

*

A veces por cantar una canción me uniría a un coro de desconocidos.

*

Veía pasar, desde la ventana, los vendimiadores. De madrugada y al atardecer. Era la época más feliz.

*

Es razonable que la velocidad sea una virtud. Hace que los virtuosos desaparezcan pronto y solo quede la viciosa compañía de los lentos.

*

En el Parnaso se echa en falta un dios o una diosa archiveros. Y tal vez otra u otro bibliotecario que se hubiera preocupado por legar en mejor estado los poemas de Safo.

*

Deseo, ese irredimible ludópata que robó las flechas a Cupido.

*

A tantos lugares como me han llevado y que me los quite al llegar, uno con el otro, por preferir unas simples zapatillas, y ahí se queden, volcados, en la galería, sin siquiera recibir una mirada con mi gratitud.

*

En un café del centro, Afrodita y Venus valoran presupuestos para decorar con luces de neón rojas el templo que comparten.

*

Nunca será tan hermoso el aforismo como justo antes de transcribirlo al papel.

*

Observo los movimientos de la mosca alrededor de las gotas de la miel vertida. Si la hubiera echado, aún volaría.

*

Los peces, cuando la ven flotando como un mar en miniatura, pero más atractivo, y nadan en su interior, ¿también la llaman, como nosotros, la Red?

*

Hoy me ha parecido ver cómo una nube daba una voltereta.

*

En el Barroco dejaban una calavera sobre la mesa de estudio. En el siglo xix, una bola del mundo. En el xx, un libro de bolsillo. En el xxi, solo una pregunta: ¿dónde habré dejado el móvil?

*

He descubierto una red social que no admite amigos, ni visitas, ni seguidores, ni «me gusta».

*

Una circunferencia se traza siempre desde un punto, al que suelen denominar «yo».

*

Extender los brazos para abrazar un cuerpo es un ejercicio que cada vez más se realiza en solitario.

*

¿Será que Eros se ha dormido en su puesto de trabajo y en su lugar actúa una aplicación de inteligencia artificial?

*

Cada vez parece más difícil sustraerse a la atracción que produce el vuelo de un ave de presa cuando extiende las garras.

*

Los amores se dividen en explícitos y secretos. Los secretos, en temporales o perennes. Los perennes, en esperanzados o desolados. Los desolados carecen de división.

Algo se pierde el día en el que se deja de contar vagones cuando pasa el tren mercancías.

*

Un prado, sauces, flores, el arroyo, pajarillos y los auriculares inalámbricos. Una época, la nuestra, innovadora.

*

Añoro a aquel filósofo que lo veía todo en una brizna de hierba con una gota de rocío. Exactamente lo que primero se pisa cuando se sale en busca de respuestas.

*

Que dejara su obra maestra pintada sobre la cáscara de un huevo indignó a los críticos, que desconocían el hecho de que se hubiera enamorado.

*

Justo bajo el arco de entrada se acercó a preguntarme cómo se iba a la ciudad. De tan obvia, sigo sin comprender la pregunta.

*

En ocasiones una se siente encerrada en un cuarto oscuro. Son los días más luminosos.

*

La hermosura que se admira en las rosas... ¿depende de las rosas o del jardinero que las cuida?

*

Uno de los defectos del crecimiento es que disminuye el tamaño de las cosas alrededor.

*

Nunca sé si llamarlos amantes o amados. ¿Es más importante pensar en el sujeto o en el objeto?

*

La muerte es solo una palabra que no aparece en el estribillo de las canciones.

Aguas que bajan turbias

Cuando mi madre, octogenaria, rechaza apoyarse en un bastón porque le hace parecer «una vieja», me quita edad también a mí.

*

A veces, en el mismo vagón van dos personas tarareando para sí la misma canción, sin llegar a saber que lo podrían hacer a coro.

*

Remar es un ejercicio interesante. Le permite a uno hablar prescindiendo de la gesticulación de las manos.

*

El delirio, en nuestra época, es una afección estacional. Más en concreto, de fines de semana.

*

Mientras imparte su seminario de sabiduría el lago, yo no puedo apartar los ojos del arroyuelo que se despeña desde lo alto.

*

Hace rato que la chimenea del mercante ensucia el día. En el muelle dos marineros fuman antes de recoger la escalera. En proa otro anuda los cabos. El capitán hace sonar la sirena.

*

Iba a darse la vuelta Orfeo, pero la muchedumbre que caminaba hacia la puerta de salida le arrastró sin remedio.

*

Se inclina hacia el caño de la fuente y bebe. Luego se incorpora y se seca los labios con un pañuelo. Es cuanto sé de él.

*

Con un mismo golpe de cuchillo el tiempo arranca la cabeza y las tripas del jurel que limpia. Lanza al cubo los desperdicios y coloca otro sobre el mármol.

*

La ciudad está llena de espejos que mienten. De hecho, si alguno muestra con veracidad, cae en desuso.

*

Bajo el círculo que traza el flexo, el libro de cuentas. Con la esquina superior oscurecida por el uso.

*

Mantengo un largo conflicto con la geografía. Los profesores me tachaban en los mapas el nombre que había elegido con delicadeza para cada lugar.

*

Un indicativo de civilización es que ya no se zurzan los calcetines, me digo mientras los tiendo en la galería.

*

Sabía cerrar la mano para recoger una pizca de agua y llamarlo manantial.

*

Las amapolas escriben haikus subversivos entre la prosa del trigal.

*

La algarabía de alas que se desata nada más abrir la puerta del campanario.

*

Currículum vitae, así se titula la única novela que ha escrito. Por cierto, de género fantástico. Todos los encargados de personal la han leído.

*

El tilo y la farola que comparten tramo en el paseo guardan un secreto, aunque parezca que nunca se dicen nada.

*

Después de soplar un diente de león, se desvive por recomponerlo.

*

Un autor de novelas policiacas, la lluvia. Toda la noche tecleando.

*

La canción del columpio cuando es el padre quien empuja.

*

Lo que no han pensado los defensores del espíritu crítico es que sin devotos no habría nadie ahí sentado. Ni siquiera para escucharles.

*

Antes el amor se aprendía en los libros. Hoy, en las pantallas. La realidad siempre ha sido una pésima pedagoga.

*

El parentesco entre la llama y el humo no siempre lo ha tenido en cuenta la tradición poética.

*

No sabe dónde la ha puesto, revuelve papeles, vacía cajones, vuelca bolsos. Por ninguna parte aparece la plaza donde jugaba de niña a soñarse adulta.

*

Nada de lo escrito se parece a lo pensado en el momento de escribirlo. Habrá que confiar que con la edad se vea lo que ahora no está.

*

Creo que el día de mi sepelio echaré de menos no haber podido ir a comprar el pan.

*

Cualquier canción que despreciemos por su trivialidad durará más que nosotros.

*

Cómo me gusta usar contigo los miércoles que llueve.

*

Me he sentado en un mojón del camino ante un cesto de frases para limpiarlas de hojarasca, que al levantarme ha quedado esparcida por la arena, y mi canasta vacía.

ÍNDICE